대한명인이 알려주는
악필 교정 노트
바른 손글씨
연습 노트

송병주 지음

바른 손글씨 연습 노트

초판 6쇄 발행일	2024년 07월 22일
초 판 발 행 일	2017년 09월 11일
발 행 인	박영일
책 임 편 집	이해욱
저 자	송병주
편 집 진 행	염병문
표 지 디 자 인	박수영
편 집 디 자 인	신해니
발 행 처	시대인
공 급 처	(주)시대고시기획
출 판 등 록	제 10-1521호
주 소	서울시 마포구 큰우물로 75 [도화동 538 성지 B/D] 6F
전 화	1600-3600
팩 스	02-701-8823
홈 페 이 지	www.sdedu.co.kr
I S B N	979-11-254-3891-5(13640)
정 가	12,000원

※ 이 책은 저작권법의 보호를 받는 저작물이므로 동영상 제작 및 무단전재와 배포를 금합니다.
※ 잘못된 책은 구입하신 서점에서 바꾸어 드립니다.

대한명인이 알려주는
악필 교정 노트

바른 손글씨
연습 노트

머리말

'글씨는 마음의 거울이다.'라는 말이 있습니다. 이 말이 의미하는 것은 글씨는 그 사람의 인격을 나타낸다는 뜻이기도 합니다. 또한 보기에 좋고 아름다운 글씨는 사람의 마음을 움직이고 감동을 주기도 합니다.

최근 자필로 작성한 자기소개서를 요구하는 기업들이 하나둘 늘어나고 있습니다. 손글씨로 직접 작성한 자기소개서를 보면 그 사람의 성격과 인품을 간접적으로 알 수 있기 때문입니다. 대학에서도 자필 과제가 부활하고 있으며, 이로 인해 악필 교정 학원과 손글씨 교본을 찾는 사람들이 늘어나고 있는 상황입니다.

30년 넘게 글씨와 관련된 활동을 해오면서 가장 아쉬웠던 부분은 글씨를 배울 수 있는 주변 서예학원에서 큰 붓글씨 위주의 강의만 진행하다 보니 실생활에서 잘 활용할 수 없는 부분이었습니다. 그래서 저는 펜글씨, 세필(가는 붓글씨), 차트 글씨 위주로 활동해온 경력을 바탕으로 글씨에 자신감이 없는 사람들도 열심히 연습하다 보면 글씨가 교정될 수 있다는 자신감을 심어줄 수 있게 수업을 진행하고 있습니다.

대부분의 사람들은 글씨 쓰는 것을 유난히 어려워하는 분들이 많은데 글씨는 수학방정식과 같아서 기본기를 알고 쓰다 보면 남녀노소 누구나 잘 쓸 수 있으니, 이 교본으로 천천히 배우고 익혀서 실생활에 많은 도움이 되었으면 합니다. 또한, 글쓰기 수업을 듣고 있는 기술사시험, 회계사시험 등을 준비 중인 이들에게 합격의 영광이 함께 했으면 좋겠습니다.

대한명인 일충 송병주

추천사

'신언서판(身言書判)'이라고 해서 예부터 용모, 언변, 문필, 판단력을 인물 평가의 기준으로 삼았습니다. 이렇듯 글씨체는 인재 판단에도 중요한 척도로 쓰였습니다.

요즘 들어 컴퓨터와 스마트폰 등의 영향으로 손글씨를 쓸 일이 거의 없고 그로 인해 악필인 사람도 많이 늘어나고 있는 추세입니다.

제가 오랫동안 옆에서 지켜본 일충 송병주 선생은 세필 분야에서 30년 넘게 활동해온 결과로 선정절차가 까다롭기로 유명한 (사)대한민국 명인회 '대한명인' 세필 부문 최고 명인으로 선정되어 현재, 악필 교정의 전문가로서 명성을 떨치고 있습니다.

그는 현재, 대전시민대학 세필 및 악필 교정 교수, 대전광역시 배달강좌 악필 교정 강사, '악필 교정 출장지도' 홈페이지를 운영하며 재능기부 활동에도 많은 힘을 쏟고 있는 중입니다. 이에 저는 악필 교정 교본이 발간된다는 소식을 듣고 매우 기뻐서 추천사를 작성하게 되었습니다.

지금까지 악필로 불이익을 받았거나, 악필로 고민하시는 분, 각종 시험에 대비하고 있는 수험생들에게 큰 도움이 되었으면 좋겠습니다.

대한민국 명장회 부회장   **명장 류철규**
대한민국 명인회 대전지회장   **명인 류철규**

추천사

    일찍이 우리 선현들은 서여기인(書如其人) '글씨는 곧 그 사람과 같다'라는 뜻으로 글씨는 쓰는 사람의 됨됨이를 반영한다고 여겼습니다. 그래서 우리는 글씨 쓰는 것을 '藝'로 표현하기도 하고 '道'라고 표현하기도 합니다.

    제가 30년 넘게 글씨학원을 운영하며 느낀 점을 말씀드리자면,
'글씨가 사람의 심리나 성격을 나타내는 열쇠'라는 깨달음을 얻었습니다. 오래전 중국(당나라)에서는 과거시험의 기준인 '신언서판(身言書判)' 가운데서도 글씨(書)를 가장 중요하게 여겼습니다. 조선 최고의 교육 기관인 성균관도 주로 강독, 제술, 서법을 집중적으로 공부하였는데, 서법 중에서는 정서(정자체)가 기본이었고 이를 소홀히 하면 벌 줄 만큼 중시하였습니다.

    악필은 학습장애는 물론 심한 콤플렉스를 유발하여 삶의 에너지인 자신감을 잃게 합니다. 반면에 '정서' 곧 바른 글씨 쓰기는 뇌 발달, 사고력 및 기억력 증진, 뇌신경 집중력 강화, 자신감 등에 크게 기여한다는 사실이 확증되었습니다.

    글씨는 노력 여하에 따라 바뀔 수 있는 것이며, 글씨체를 바꾸는 것만으로 운명을 바꿀 수 있다고 생각합니다. 미국을 비롯한 선진국에서는 '필적학' 글씨체를 바꿀 수 있는 연구서와 실용지침서가 많고 전문 컨설턴트가 활동하고 있지만 그렇지 못한 우리의 현실에 항상 아쉬움을 느끼고 있었는데 이번에 글씨 쓰기에 대한 알기 쉬운 지침서가 발간된다는 소식을 듣고 매우 기뻤습니다. 대한명인 일충 송병주 선생의 이 저서가 손글씨를 도외시하는 근래의 우리 풍토를 바꾸는데 도움이 되었으면 좋겠습니다.

바른펜글씨학원   원장 강희찬

추천사

　대전시민대학은 평생교육원으로 나는 이곳에서 교양 강좌 듣기를 좋아했다. 그러던 어느 날 내 눈이 번쩍 뜨이게 반가운 과정이 있었으니 바로 악필 교정(세필, 펜글씨, 차트 글씨)이었다. 20여 년째 중학교 교사지만 사실 손글씨에 늘 자신이 없었고 글씨는 인격이라고 했는데, 수업 중 칠판에 반듯하게 글씨를 잘 쓰는 선생님들이 늘 부럽기만 했다. 2015년 7월부터 시작된 악필 교정 반은 나에겐 가뭄에 단비와도 같이 반가운 과정이었다.

　수업에서 만난 선생님은 자상하면서도 호남형 모습을 하신 일충 송병주 선생님으로 세필 분야 대한명인이라 하셨다. 한글을 처음 배우듯이 초등학교 1~2학년 국어 노트에 '가나다라…'부터 써 주셨다. 하지만 글씨를 좀 잘 쓰고 싶다는 생각은 굴뚝같았지만, 40여 년 동안 손에 익은 글씨를 예쁘게 바꿀 수 있을지에 대한 의문도 사실 많이 들었다. 그러나 이왕 하기로 마음먹은 공부이니 일주일에 노트 한 권씩 쓰기로 다짐을 하고, 필체를 바꾸기 위해 애를 썼다.

　결코 쉬운 과정이 아니었다. 처음 한두 달이 가장 힘들었다. 매일 두세 시간씩 앉아 천천히 글씨를 예쁘게 쓰고 있는 것을 보고 집에서나 동료 교사들이 다시 한글 공부하냐고 놀리기도 했고, 때로는 시간 낭비라는 생각이 들기도 했다. 하지만 노력은 배신하지 않는다고 했던가! 나의 필체는 가랑비에 옷 젖듯이 보이지 않게 서서히 좋아지고 있었다. 자신감이 조금씩 생기면서 글씨를 쓰는 것도 중독성이 있는지 더 열심히 쓰게 되었다. 그렇게 연습하기를 1년의 시간이 지난 2016년 9월 송병주 선생님의 권고로 펜글씨 자격시험에 도전하게 되었고, 펜글씨 2급 공인 자격증까지 취득하게 되었다. 이루 말할 수 없는 기쁨이었고 쉼 없는 노력 끝에 나이 50에 받은 자격증은 나 자신에게 주는 큰 상으로 충분했다.

　지난겨울부터는 선생님께 세필 쓰기도 지도받고 있다. 붓으로 쓰는 예쁜 글씨들이 펜글씨보다 쓰면 쓸수록 더 매력이 있다. 필체가 예뻐지니 자꾸 손글씨를 쓰게 되고, 애경사가 있을 때도 봉투에 자신 있게 글씨를 쓸 수 있어 나 자신에 대한 긍지와 자부심도 올라가는 것 같다.

　인생의 새로운 자신감을 갖게 해준 대전시민대학의 악필 교정 반과 이 과정을 변함없는 마음으로 친절하게 지도해주신 대한명인 송병주 선생님께 진심 어린 감사를 드립니다.

대전동방여자중학교 교사 김형석

목차

머리말　4

추천사　5

Part 1 손글씨를 잘 쓰기 위한 준비

손글씨 연습에 좋은 필기구　12

손글씨 연습 시 노트(종이) 놓는 방법　13

악필 탈출을 위한 필기구 잡는 방법　14

사례로 알아보는 실수하기 쉬운 글자　16

Part 2 기본 손글씨 쓰기 연습

선과 도형 그리며 손풀기 연습　26

자음 연습　29

모음 연습　37

자음과 모음 연습　44

단어 연습　68

Part 3 문장 연습

문장 가로쓰기   **76**

문장 세로쓰기   **97**

경사체 쓰기   **104**

고딕체 쓰기   **108**

세필 쓰기   **114**

작은 글씨 쓰기   **120**

Part 4 실생활에 필요한 글씨 연습

경조사에 사용되는 용어 1   **126**

경조사에 사용되는 용어 2   **130**

- 결혼식
- 장례식
- 생일
- 개업·창업
- 기타

숫자 쓰기   **134**

실생활 활용 용어   **135**

Part 1
손글씨를 잘 쓰기 위한 준비

◆ 악필을 교정하기 위해서는 꾸준한 연습이 필요합니다. 그리고 더 중요한 것은 바른 자세와 필기구를 잡는 방법도 중요합니다. 이 장에서는 글씨를 연습하기 위해 준비해야 할 필기구와 잡는 방법을 알아보겠습니다.

손글씨 연습에 좋은 필기구

글씨를 잘 쓰기 위해서 중요한 것은 무엇일까요?
여러 가지 조건이 있겠지만 기본적으로 바른 자세와 필기구를 잡는 방법, 그리고 글쓰기에 좋은 필기구가 해당될 것입니다. 바른 자세는 의자 끝에 걸터앉는 느낌이 아닌 엉덩이를 끝까지 밀착하여 앉아주고, 책상에서 몸이 10cm 정도 떨어진 상태에서 허리를 곧게 펴고 자연스럽게 책상을 보고 자세를 잡으면 됩니다.

자세를 잡았다면 글씨 쓰기에 좋은 자세와 필요한 필기구를 선택해야 합니다. 옛말에 '명필은 붓을 탓하지 않는다.'라는 말이 있지만 글을 잘 쓰지 못하는 분들에게는 필기구의 선택도 중요합니다. 필기구는 연필, 볼펜, 만년필, 수성, 유성... 등 종류도 많고 심의 크기도 다릅니다. 하지만 펜을 고를 때 신경을 써야 하는 부분은 노트에 글씨를 쓸 때 쉽게 미끄러지지 않고 적당한 저항감도 있어야 좋은 필기구인 것입니다. 그래서 초등학생들은 연필을 사용하는 것이 좋으며, 성인은 주위에서 쉽게 구할 수 있고 저렴한 프러스펜을 사용해 연습하는 것이 좋습니다. 볼펜도 쉽게 구할 수 있지만 볼이 있어 쉽게 미끄러지기 때문에 글씨를 잘 쓸 때까지는 되도록 프러스펜을 사용하는 것이 좋습니다.

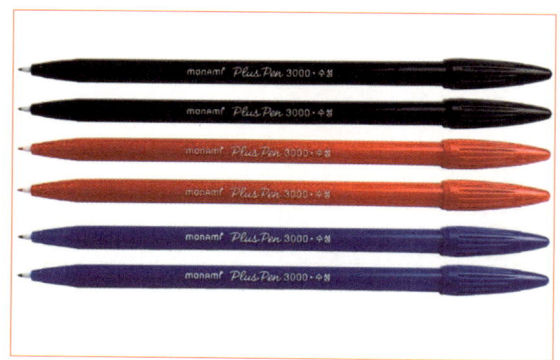

프러스펜

연필

손글씨 연습 시 노트(종이) 놓는 방법

앞에서 설명한 바른 자세를 잡았다면 노트는 오른손(오른손잡이)을 편하게 움직일 수 있는 자세에서 노트를 손의 위치에 맞춰 이동합니다. 왼손잡이는 설명과 반대로 하면 됩니다. 연습할 때는 허리를 곧게 세운 상태에서 자연스럽게 살짝 굽혀 필기를 진행합니다. 하지만 너무 허리를 굽혀서 연습하면 안됩니다. 그 이유는 자신이 글씨를 써나가고 있는 방향이 한쪽으로 올라가고 있는 건 아닌지, 글씨가 작아지고 있는 건 아닌지, 띄어쓰기는 제대로 하고 있는지를 확인하기 어렵기 때문에 너무 허리를 굽혀서 글씨를 쓰면 좋지 않습니다.

노트(종이)도 바른 자세로 앉은 상태에서 반듯하게 노트(종이)를 놓고 쓰는 것이 좋습니다. 노트(종이)가 사선으로 기울어진 상태에서 글씨를 쓰게 되면 똑바로 써지지도 않고 악필 교정도 잘되지 않습니다. 만약 지속적으로 나쁜 자세나 노트를 똑바로 놓고 연습하지 않으면 실력도 늘지 않거니와 교정도 오래 걸리게 되며, 이런 상태가 지속되다 보면 재미도 없어 연습을 포기하게 됩니다. 그래서 처음 시작할 때 바른 마음과 제대로 된 자세로 연습을 진행해야만 악필에서 쉽게 탈출할 수 있음을 기억해야 합니다.

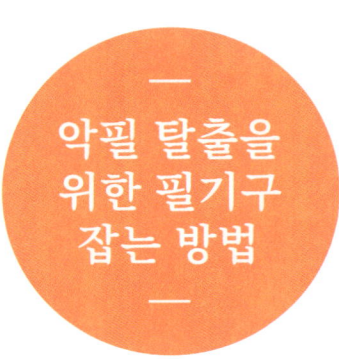

악필 탈출을 위한 필기구 잡는 방법

글씨 연습은 연필과 펜을 주로 사용해 쓰기 연습을 진행하게 됩니다. 아이들은 학교에서 많이 사용하는 연필로 연습하는 것이 편하게 잡을 수 있고, 필기감도 익숙해 거부감이 없습니다. 성인은 볼펜처럼 볼이 있어 미끄러지기 쉬운 펜을 이용하는 것보다 끝이 가늘고 쉽게 구할 수 있는 프러스펜을 이용하면 글씨 연습에 많은 도움이 됩니다.

✏️ 필기구를 잡는 방법

엉망인 글씨가 아닌 제대로 된 글씨를 쓰기 위해서는 바른 자세와 올바른 방법으로 필기구를 잡고 써야 예쁜 글씨를 쓸 수 있습니다. 필기구를 잡을 때에는 중지에 펜을 올린 상태에서 엄지와 검지로 필기구를 자연스럽게 잡습니다. 이때 너무 아래쪽을 잡지 말아야 하며, 글씨를 확인할 수 있게 연필이나 펜의 심(끝)이 보일 수 있게 잡아 주는 것이 좋습니다. 그리고 작성 시 필기구를 너무 눕히지 말고 60~70도 정도로 기울여 쓰고, 손에 힘을 너무 세게 주지 않아야 자연스럽게 쓸 수 있습니다.

오른손잡이

왼손잡이

✏️ 필기구를 잡는 잘못된 방법

필기구는 자연스럽게 잡고 쓰는게 좋지만 어렸을 때부터 몸에 밴 습관은 고치기가 쉽지 않습니다. 무조건 고치려고 따라한다면 스트레스를 받을 수 있으니 처음부터 무리하게 교정하려고 하지는 마세요. 여기서 소개하는 사례는 일부분이지만 차츰차츰 바르게 잡고 쓰는 연습을 하여 고치는 것이 좋습니다.

- 손으로 연필을 꽉 움켜쥐듯이 잡는 경우 : 손에 힘이 너무 많이 들어가 글씨 쓰는게 불편하여 예쁘게 써지지 않고 불규칙하고 들쑥날쑥하게 써지는 경우가 많다.

- 필기구의 끝이 보이지 않게 짧게 잡는 경우 : 글씨가 보이지 않아 자신이 어떻게 쓰고 있는지 알 수 없어 글자의 크기가 들쑥날쑥하며 일정하게 쓰기 어렵다.

- 엄지손가락이 위로 올라간 경우 : 필기구를 길게 잡게 되어 글씨 쓸 때 적당한 힘이 들어가지 않고 기울여 쓰는 경우가 많아 자연스럽게 필기가 되지 않는다.

사례로 알아보는 실수하기 쉬운 글자

글씨를 연습할 때 한자씩 또박또박 쓰는 연습이 필요합니다. '그냥 연습만 하면 되겠지'라고 생각하고 빠르게 써나간다면 글씨 모양이 흐트러지기 쉽습니다. 이번에는 실제 글씨 교정 수업 중 교정을 진행한 글자의 사례를 보고 어떤 부분이 문제였는지 알아보겠습니다.

1. '주' 자를 쓸 때 'ㅜ'가 너무 아래로 내려가지 않도록 주의하여 씁니다. 자음 'ㅈ'과 모음 'ㅜ'의 사이가 벌어질 수 있고 아래로 글자가 치우쳐지게 됩니다.

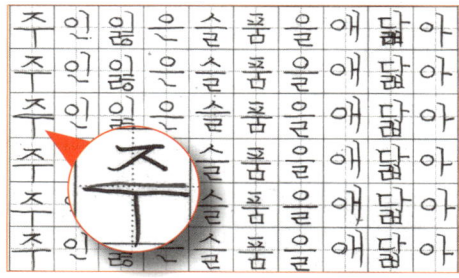

2. '하, 흐' 자를 쓸 때 'ㅎ'이 중심을 잃지 않도록 주의하여 씁니다. 예를 보면 'ㅇ'이 오른쪽으로 치우쳐짐으로 해서 균형이 맞지 않아 글씨가 정렬된 느낌이 없습니다.

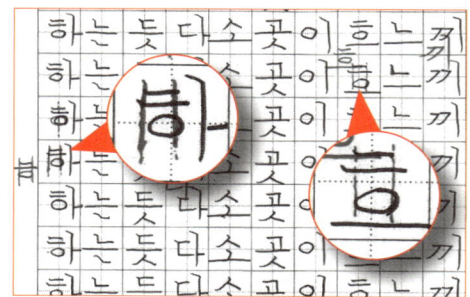

3. '제' 자를 쓸 때 'ㅔ'가 너무 벌어지지 않도록 하고 끝에 'ㅣ' 획을 너무 길지 않게 주의하여 씁니다. 'ㅔ'가 너무 벌어지면 글자의 폭이 넓어져 다른 글자와의 조화도 흐트러지게 되어 글씨체가 좋아 보이지 않습니다. 'ㅣ'획 또한 너무 길게 쓰면 다음 줄의 글자에 피해를 주게 됩니다.

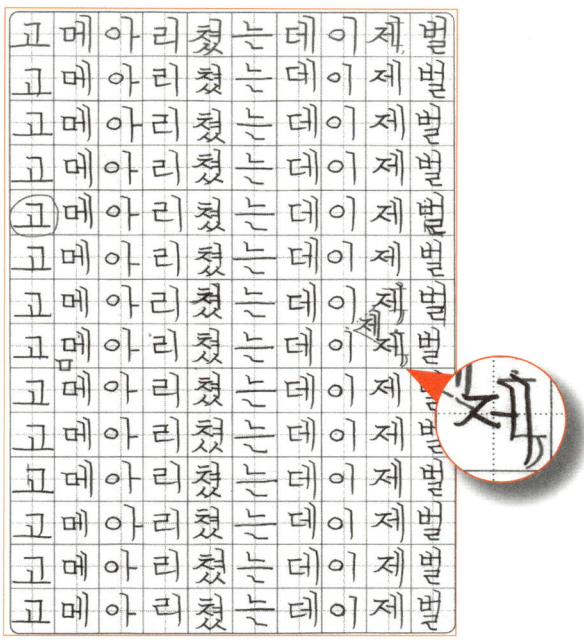

4. '써' 자를 쓸 때 'ㅆ'이 너무 벌어지지 않게 바짝 붙여 씁니다.

5. '까' 자를 쓸 때 'ㄲ'이 너무 벌어지지 않게 하고 'ㅏ'는 바짝 붙여 벌어지지 않도록 주의하여 씁니다.

6. '서' 자를 쓸 때 'ㅅ'과 'ㅓ'가 너무 벌어지지 않게 하고 수직으로 내려씁니다.
   '적' 자를 쓸 때 'ㅈ'과 'ㅓ'가 벌어지지 않게 하고 수직으로 내려씁니다.

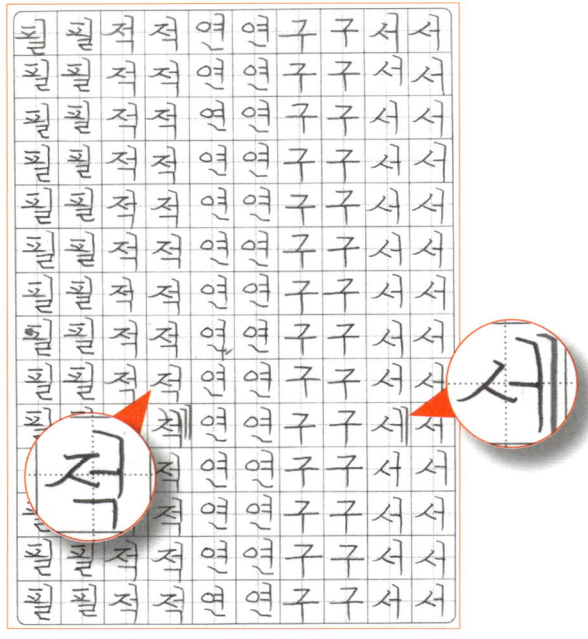

7. '을' 자를 쓸 때 받침 'ㄹ'이 우측으로 치우치지 않게 중심선에 맞춰 써줍니다. '철' 자를 쓸 때도 'ㅓ'를 너무 길지 않게 써줍니다. 'ㅓ'가 너무 길면 받침 'ㄹ'이 아래쪽으로 치우쳐져서 글씨가 길어지게 됩니다.

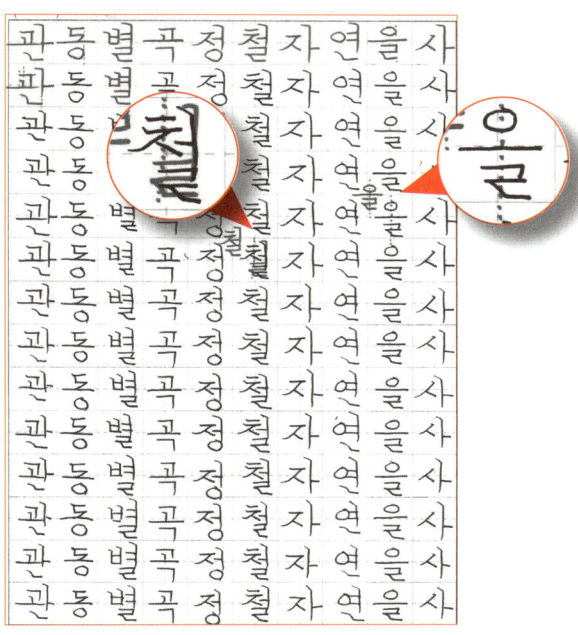

8. '에' 자를 쓸 때 'ㅔ'가 너무 벌어지지 않게 써주고, 'ㅓ, ㅣ'에서 'ㅣ'를 쓸 때 아래가 너무 길지 않게 주의하여 써줍니다. '창' 자를 쓸 때 'ㅏ'를 너무 길지 않게 써줍니다. 'ㅏ'가 너무 길면 받침 'ㅇ'이 아래쪽으로 치우쳐져서 글씨가 길어지게 됩니다.

9. '필' 자를 쓸 때 'ㅍ'을 너무 높게 쓰지 않도록 주의하여 씁니다.
   '력' 자를 쓸 때 'ㄹ'이 너무 높지 않도록 쓰고 'ㅕ' 자는 'ㄹ'과 너무 벌어지지 않게 주의하여 씁니다.

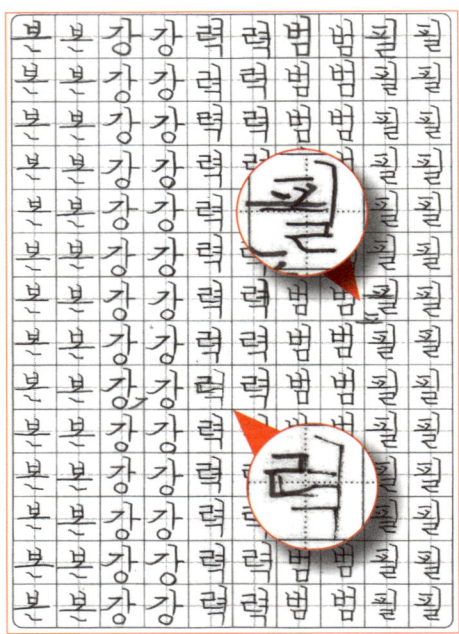

10. '계' 자를 쓸 때 'ㅖ'가 너무 벌어지지 않도록 하고 'ㄱ' 보다 조금 더 길게 씁니다.

11. '터' 자를 쓸 때 'ㅌ'이 위로 향하지 않도록 수평으로 써줍니다.
    '일' 자를 쓸 때 받침 'ㄹ'이 'ㅣ' 끝선에 맞춰서 씁니다.

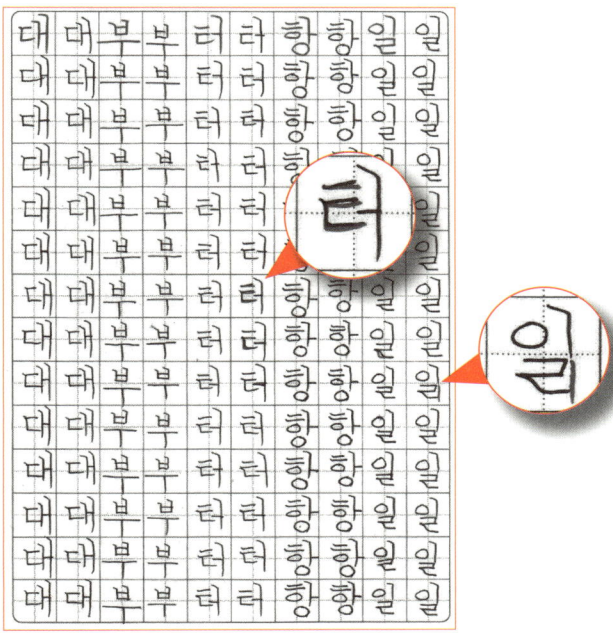

12. '회' 자를 쓸 때 'ㅣ'가 너무 벌어지지 않도록 주의하여 씁니다.
    '석' 자를 쓸 때 받침 'ㄱ'은 'ㅓ'의 끝선과 맞춰서 씁니다.

13. '입' 자를 쓸 때 'ㅂ'이 'ㅣ' 끝선에 맞도록 주의하여 씁니다.
    '필' 자를 쓸 때 'ㅍ'이 너무 위아래로 벌어지지 않도록 주의하여 씁니다.

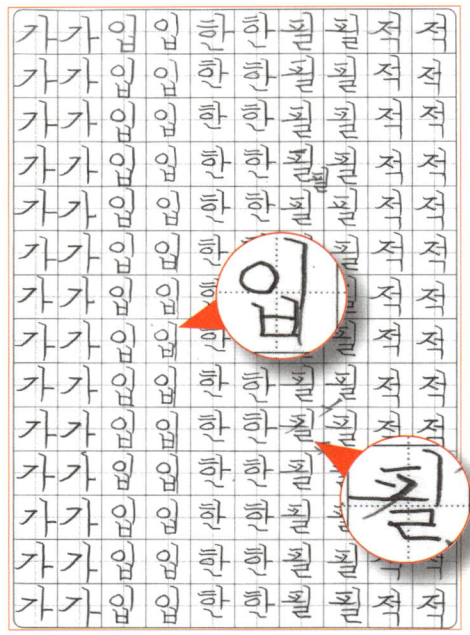

14. '씨' 자를 쓸 때 'ㅆ'이 너무 크고 벌어지지 않도록 붙여 씁니다.
    '글' 자를 쓸 때 'ㄱ'의 끝선에 맞게 'ㄹ'을 맞춰서 씁니다.

15. '래' 자를 쓸 때 초두 'ㄹ'은 굴리지 말고 수직으로 쓰고, 간격을 고르게 맞춰 주의하여 씁니다.

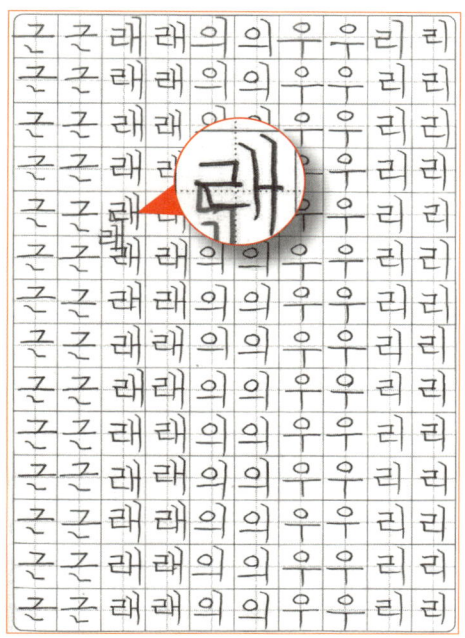

16. '외' 자를 쓸 때 'ㅣ'가 너무 길지 않게 주의하여 씁니다.

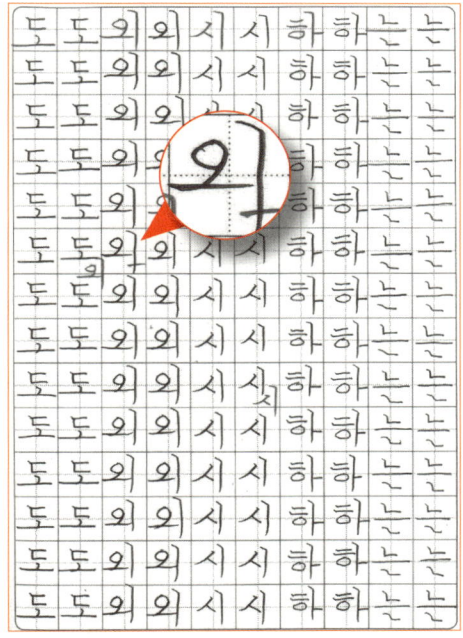

Part 2

기본 손글씨 쓰기 연습

◆
글자는 자음과 모음의 조합으로 이루어져 있습니다. 글씨를 잘 쓰기 위해 우선 기본이 되는 자음과 모음을 연습해보겠습니다. 처음에는 도형 등을 따라 그리면서 긴장을 풀어보고 자음과 모음을 따라한 후 자음과 모음이 조합된 글자를 연습합니다. 자음과 모음의 조합에 따라 형태가 달라지기 때문에 여러 가지 형태를 따라하면서 글자를 조화롭게 쓰는 방법을 익혀보세요.

# 선과 도형 그리며 손풀기 연습

글씨나 그림은 선으로 되어 있습니다. 그래서 이번에는 간단한 선긋기와 도형을 그려봄으로써 간단히 손을 풀어주겠습니다. 선을 반듯이 긋는 연습을 통해 글자의 획을 똑바로 쓸 수 있게 하고, 도형을 그리면서 대각선이나 동그란 글자 연습에 도움이 되도록 구성하였습니다.

자음 연습

글씨가 예쁘지 않고 글자들이 조화롭지 못한 글씨를 악필이라고 합니다. 예전부터 글씨를 잘 쓰지 못하는 사람도 있을 것이고 잘 쓰던 사람들도 요즘 같은 디지털 시대에 컴퓨터로 서류를 처리하다 보니 감각을 잃어버린 경우도 있을 것입니다. 글씨를 잘 쓰지 못하는 사람들은 정성을 다해 쓰려고 하지 않고 빨리 쓰려고만 합니다. 그래서 획이 반듯하지 않고 자음과 모음이 조화롭지 않아 보기에 좋지 않습니다. 자음과 모음은 글자를 구성하는 중요한 요소입니다. 글씨를 잘 쓰지 못한다면 조금 더 여유를 가지고 연습을 하고 정성을 다해 쓰다 보면 실력이 늘어날 것입니다.

이번에는 글자의 기본이 되는 자음부터 연습해보겠습니다. 자음은 글씨를 쓸 때 제일 처음 쓰게 되며 글자의 기준이 됩니다. 글쓰기를 할 때 처음 시작하는 부분이기 때문에 빠르게 쓰려고 하지 말고 천천히 연습하기 바랍니다. 여기서는 기본 14개의 자음 연습을 해보고 모음에 따라 모양과 위치가 달라지는 것을 알아보기 위해 모음이 결합된 글자도 함께 연습해보겠습니다.

ㄱ 'ㄱ'을 쓸 때에는 첫 번째 획은 수평으로 쓰고, 두 번째 획은 모음에 따라 수직 또는 사선으로 써 줍니다. 이때 사선은 너무 길지 않게 주의하며 써줍니다. 'ㅓ, ㅕ'와 같이 'ㄱ'을 쓸 때에는 두 번째 획은 약간 사선으로 써줍니다. 'ㅗ, ㅛ'와 같이 'ㄱ'을 쓸 때에는 'ㅗ, ㅛ'가 'ㄱ'의 중간에 오도록 합니다. 'ㅜ'와 같이 쓸 때는'ㅜ'의 세로획을 'ㄱ'의 중심에서 약간 우측에서 내려 긋습니다.

'ㄴ'은 모음 'ㅏ, ㅑ, ㅣ'와 같이 쓸 때 세로획보다 가로획을 약간 길게 쓰며, 끝을 조금 올립니다. 모음 'ㅓ'와 같이 쓸 때에는 'ㄴ'의 중간 지점에 넣어서 써줍니다. 'ㄴ'을 모음 'ㅗ, ㅜ, ㅠ'와 같이 쓸 때에는 끝을 올리지 말고, 수평으로 써줍니다.

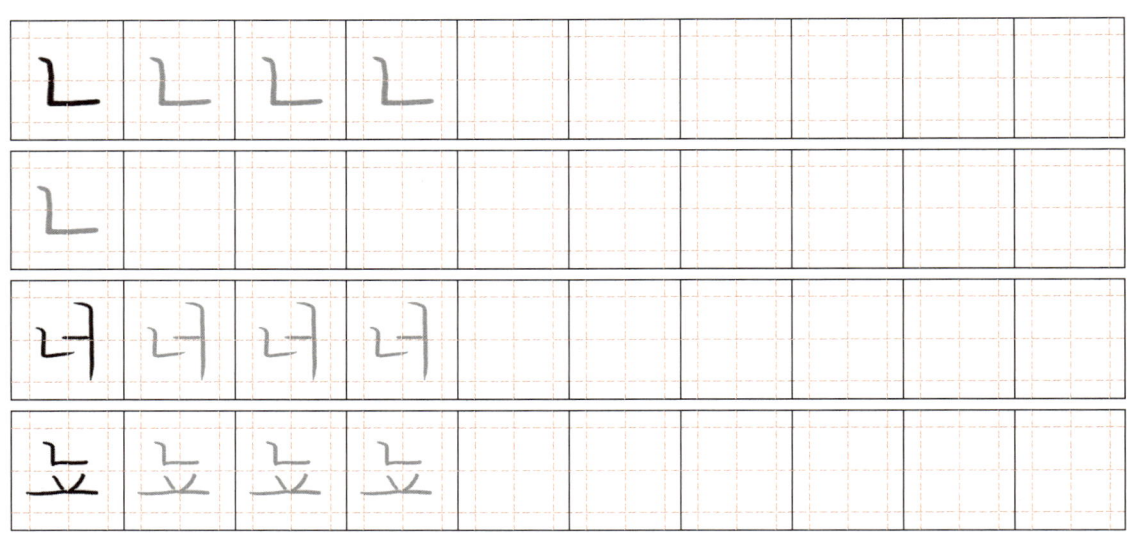

'ㄷ'을 모음 'ㅏ, ㅓ, ㅣ'와 같이 쓸 때 위쪽 가로획보다 아래 가로획을 길게 써줍니다. 'ㄷ'을 모음 'ㅗ, ㅜ, ㅡ'와 같이 쓸 때에는 끝을 올리지 말고 수평으로 써줍니다.

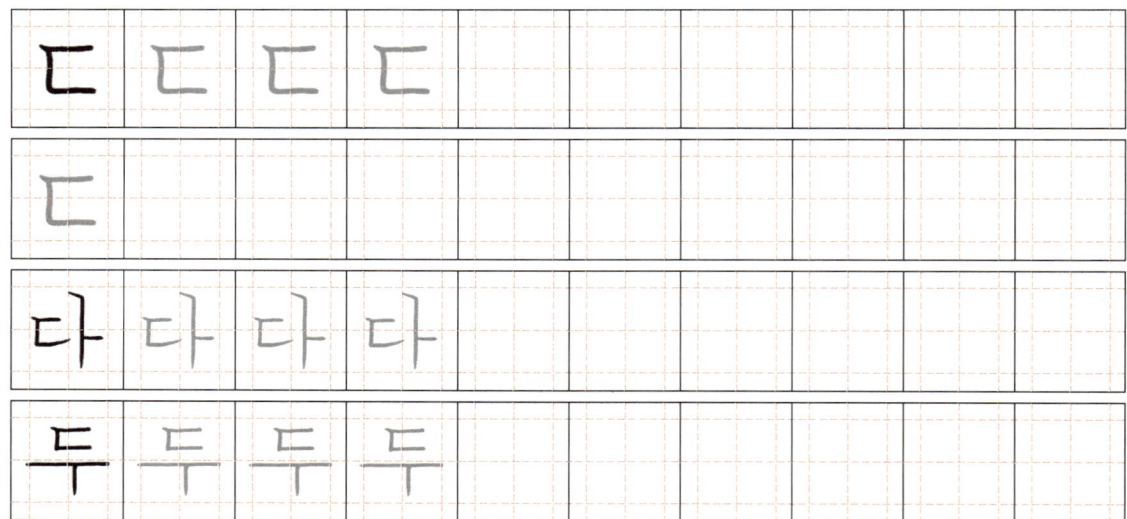

ㄹ 'ㄹ'을 모음 'ㅓ, ㅕ'와 같이 쓸 때 'ㄹ'의 중간 부분에 'ㅓ, ㅕ'가 오도록 써줍니다. 'ㄹ'을 쓸 때 위와 아래의 간격(여백)은 동일하게 써줍니다.

| 己 | 己 | 己 | 己 | | | | | | |

| 己 | | | | | | | | | |

| 러 | 러 | 러 | 러 | | | | | | |

| 려 | 려 | 려 | 려 | | | | | | |

ㅁ 'ㅁ'은 정사각형이 되도록 써줍니다. 모음 'ㅗ, ㅛ'와 같이 쓸 때에는 중간에 오도록 써줍니다. 모음 'ㅜ'와 같이 쓸 때에는 세로획을 'ㅁ'의 중심에서 약간 우측에서 내려씁니다.

| ㅁ | ㅁ | ㅁ | ㅁ | | | | | | |

| ㅁ | | | | | | | | | |

| 뮤 | 뮤 | 뮤 | 뮤 | | | | | | |

| 모 | 모 | 모 | 모 | | | | | | |

ㅂ 'ㅂ'은 첫 번째 획은 수직으로 쓴 다음, 두 번째 획은 첫 번째 세로획보다 조금 길게 쓰고, 가운데 획을 중간에 그어줍니다. 모음 'ㅗ, ㅜ'와 같이 쓸 때에는 'ㅂ'의 중간에 오도록 써줍니다.

ㅂ ㅂ ㅂ ㅂ

ㅂ

보 보 보 보

뷰 뷰 뷰 뷰

ㅅ 'ㅅ'은 첫 획은 왼쪽 사선으로 길게 빼주고, 두 번째 획은 중간에서 시작해서 조금 짧게 씁니다. 모음 'ㅗ, ㅜ'와 같이 쓸 때에는 'ㅅ'의 중간에 오도록 씁니다.

ㅅ ㅅ ㅅ ㅅ

ㅅ

소 소 소 소

샤 샤 샤 샤

ㅇ 'ㅇ'은 원형 모양으로 쓰되, 상황에 따라 약간 타원형 모양으로 쓰기도 합니다. 모음 'ㅏ, ㅕ'는 'ㅇ'의 중간에 위치하도록 하고, 위와 아래 길이가 동일하게 씁니다. 모음 'ㅗ, ㅜ' 역시 'ㅇ'의 중심에 위치하도록 씁니다.

ㅈ 'ㅈ'은 첫 번째 획은 수평으로 써주고, 두 번째 획은 사선으로 조금 길게 빼며, 세 번째 획은 사선의 중간에서 조금 짧게 씁니다. 모음 'ㅗ, ㅜ'와 같이 쓸 때에는 'ㅈ'의 중간에 오도록 씁니다.

ㅊ 'ㅊ'은 첫 번째 획과 두 번째 획을 수평으로 써주고, 세 번째 획은 사선으로 조금 길게 빼며, 네 번째 획은 사선의 중간에서 조금 짧게 씁니다. 모음 'ㅏ, ㅕ'와 같이 쓸 때 'ㅊ'의 중간에 오도록 써주고 위아래 길이가 동일하게 씁니다.

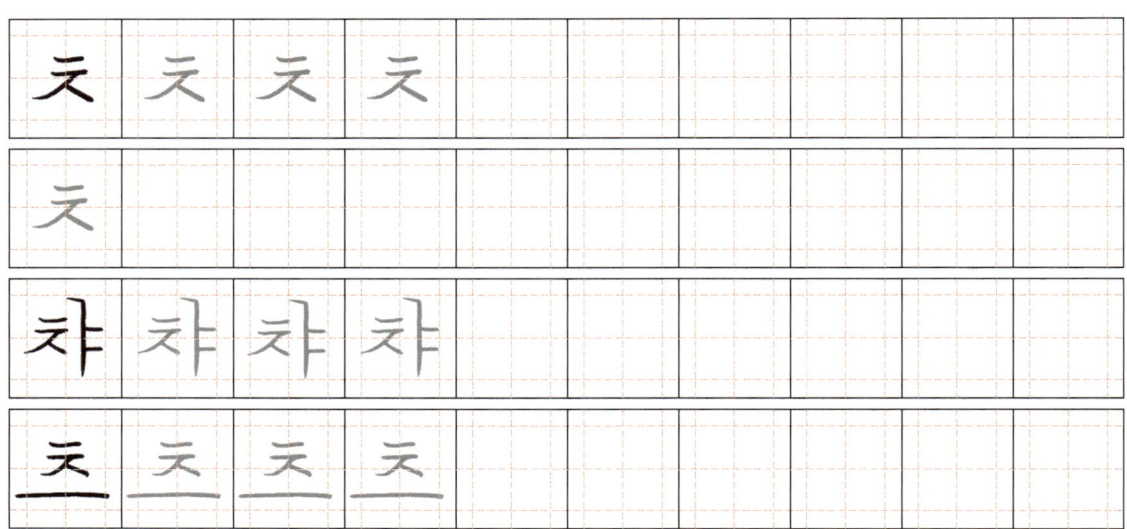

ㅋ 'ㅋ'은 첫 번째 획은 수평으로 쓰고, 두 번째 획은 모음에 따라 수직 또는 약간 사선으로, 세 번째 획은 수평으로 써줍니다. 모음 'ㅕ'와 같이 쓸 때 두 번째 획은 사선으로 쓰고, 모음 'ㅗ, ㅜ'와 같이 쓸 때에는 'ㅋ'의 중간에 오도록 씁니다.

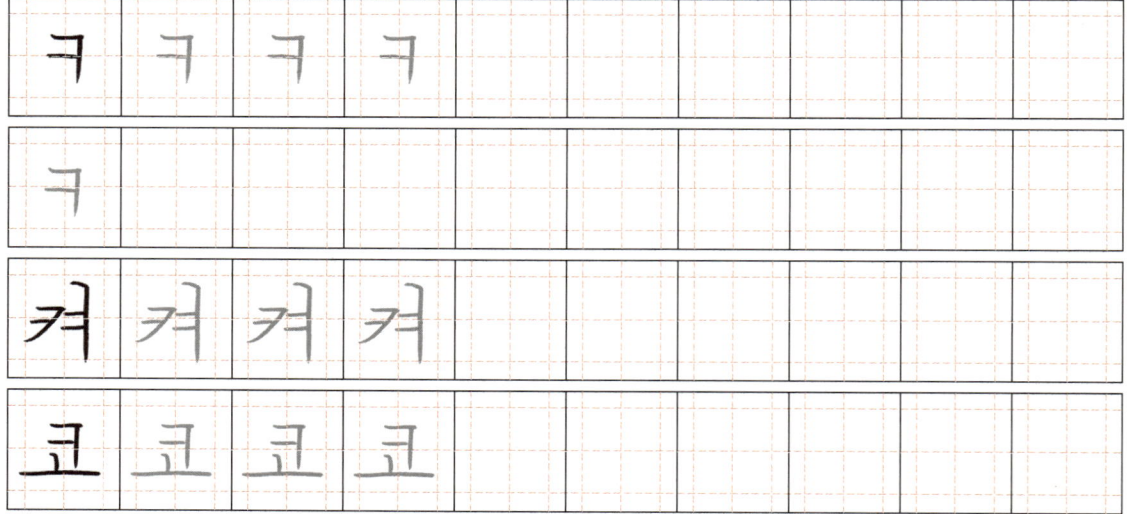

ㅌ 'ㅌ'을 모음 'ㅏ, ㅑ, ㅓ, ㅕ, ㅣ'와 같이 쓸 때 'ㅌ'의 첫 번째 가로획과 두 번째 가로획은 수평으로 쓰고, 마지막 가로획은 조금 길게 씁니다. 'ㅌ'을 모음 'ㅗ, ㅜ, ㅠ, ㅡ'와 같이 쓸 때에는 첫 번째, 두 번째, 세 번째 가로획 모두 수평으로 써주고, 간격은 동일하게 해줍니다.

ㅍ 'ㅍ'은 모음 'ㅏ, ㅑ, ㅓ, ㅣ'와 같이 쓸 때 첫 번째 획은 수평으로 쓰고, 두 번째, 세 번째는 좌, 우 사선으로 쓰고 마지막 가로획은 첫 번째 가로획보다 조금 길게 씁니다. 모음 'ㅗ, ㅜ'와 같이 쓸 때에는 'ㅍ'의 중간에 오도록 씁니다.

ㅎ 'ㅎ'은 모음 'ㅏ, ㅑ, ㅓ, ㅣ' 등과 같이 쓸 때에는 첫 번째 획은 수평으로 쓰고, 두 번째 획은 첫 번째 획보다 조금 길게 쓰며, 세 번째 획인 'ㅇ'은 원형 모양 또는 상황에 따라 약간 타원형으로 씁니다. 모음 'ㅗ, ㅜ'와 같이 쓸 때에는 'ㅎ'의 중간에 오도록 씁니다.

모음 연습

하나의 글자가 완성되기 위해서는 자음과 모음이 있어야 합니다. 그리고 자음의 크기와 위치 등에 따라 모음의 크기와 위치도 조화롭게 써야 합니다. 모음은 단모음, 이중 모음으로 분류하는데, 입술과 혀의 움직임과 모양에 따라 분류합니다. 모음을 쓸 때는 획의 길이와 곧고 반듯하게 긋는 것이 중요합니다. 이번에는 모음을 연습해 보겠습니다.

ㅏ	ㅏ	ㅏ	ㅏ						
ㅏ									
가	가	가	가						

ㅐ	ㅐ	ㅐ	ㅐ						
ㅐ									
대	대	대	대						

ㅑ	ㅑ	ㅑ	ㅑ						
ㅑ									
샤	샤	샤	샤						

ㅕ	ㅕ	ㅕ	ㅕ						
ㅕ									
애	애	애	애						

ㅋ	ㅋ	ㅋ	ㅋ						
ㅋ									
너	너	너	너						

ㅗ ㅗ ㅗ ㅗ

ㅗ

조 조 조 조

과 과 과 과

과

좌 좌 좌 좌

왜 왜 왜 왜

왜 왜 왜 왜

계	계	계	계						
계									
웨	웨	웨	웨						

기	기	기	기						
기									
튀	튀	튀	튀						

ㅠ	ㅠ	ㅠ	ㅠ						
ㅠ									
쥬	쥬	쥬	쥬						

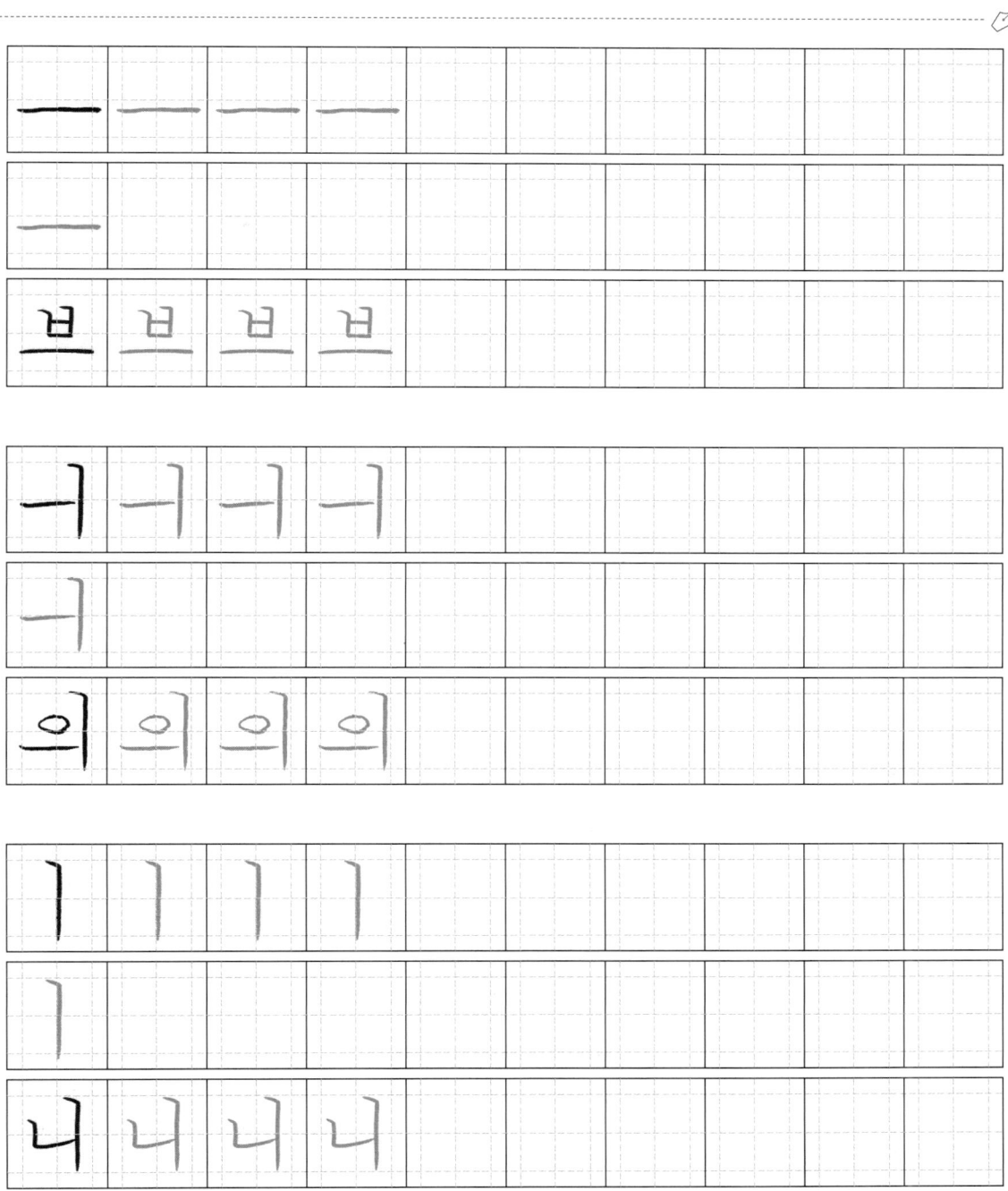

 ## 자음과 모음 연습

자음과 모음을 연습했다면 이제 자음과 모음을 함께 사용하여 글자를 써 보겠습니다. 자음과 모음만 쓸 때는 위치와 비율을 고민하지 않고 썼다면, 이제 자음과 모음이 합쳐진 글자를 쓸 때는 위치와 비율을 감안하면서 연습하기 바랍니다.

그	그	그							
나	나	나							
너	너	너							
노	노	노							
누	누	누							
뉴	뉴	뉴							
냐	냐	냐							
뇨	뇨	뇨							
니	니	니							
네	네	네							
느	느	느							

다	다	다							
더	더	더							
도	도	도							
두	두	두							
듀	듀	듀							
데	데	데							
뒤	뒤	뒤							
대	대	대							
되	되	되							
됴	됴	됴							
라	라	라							

러	러	러							
로	로	로							
루	루	루							
류	류	류							
랴	랴	랴							
려	려	려							
료	료	료							
뢰	뢰	뢰							
래	래	래							
마	마	마							
머	머	머							

모	모	모							
무	무	무							
뮤	뮤	뮤							
먀	먀	먀							
며	며	며							
뫼	뫼	뫼							
뫼	뫼	뫼							
뮈	뮈	뮈							
바	바	바							
버	버	버							
보	보	보							

부	부	부							
뷰	뷰	뷰							
벼	벼	벼							
배	배	배							
보	보	보							
브	브	브							
뷔	뷔	뷔							
사	사	사							
서	서	서							
소	소	소							
수	수	수							

슈 슈 슈

샤 샤 샤

셔 셔 셔

세 세 세

재 재 재

쇠 쇠 쇠

아 아 아

어 어 어

오 오 오

우 우 우

유 유 유

야	야	야							
여	여	여							
요	요	요							
에	에	에							
위	위	위							
자	자	자							
저	저	저							
조	조	조							
주	주	주							
쥬	쥬	쥬							
쟈	쟈	쟈							

| 재 | 재 | 재 | | | | | | | |

| 좌 | 좌 | 좌 | | | | | | | |

| 쥐 | 쥐 | 쥐 | | | | | | | |

| 죄 | 죄 | 죄 | | | | | | | |

| 차 | 차 | 차 | | | | | | | |

| 처 | 처 | 처 | | | | | | | |

| 초 | 초 | 초 | | | | | | | |

| 추 | 추 | 추 | | | | | | | |

| 츄 | 츄 | 츄 | | | | | | | |

| 챠 | 챠 | 챠 | | | | | | | |

| 쳬 | 쳬 | 쳬 | | | | | | | |

쵸 쵸 쵸

취 취 취

츠 츠 츠

카 카 카

커 커 커

코 코 코

쿠 쿠 쿠

큐 큐 큐

캬 캬 캬

켜 켜 켜

쾌 쾌 쾌

크	크	크							
키	키	키							
타	타	타							
터	터	터							
토	토	토							
투	투	투							
튜	튜	튜							
태	태	태							
퇴	퇴	퇴							
트	트	트							
툐	툐	툐							

튀	튀	튀							
파	파	파							
퍼	퍼	퍼							
포	포	포							
푸	푸	푸							
퓨	퓨	퓨							
쾌	쾌	쾌							
폐	폐	폐							
표	표	표							
켜	켜	켜							
페	페	페							

하	하	하								
허	허	허								
호	호	호								
후	후	후								
휴	휴	휴								
햐	햐	햐								
혀	혀	혀								
해	해	해								
효	효	효								
훈	훈	훈								
갈	갈	갈								

갗 갗 갗

결 결 결

걷 걷 걷

곰 곰 곰

곶 곶 곶

쥰 쥰 쥰

깅 깅 깅

굿 굿 굿

괁 괁 괁

낙 낙 낙

낮 낮 낮

널	널	널							
녕	녕	녕							
놀	놀	놀							
놓	놓	놓							
농	농	농							
눙	눙	눙							
님	님	님							
낼	낼	낼							
달	달	달							
닥	닥	닥							
덮	덮	덮							

뎐	뎐	뎐							
돈	돈	돈							
돕	돕	돕							
둘	둘	둘							
둠	둠	둠							
딩	딩	딩							
댄	댄	댄							
락	락	락							
란	란	란							
랑	랑	랑							
런	런	런							

련	련	련							
력	력	력							
록	록	록							
룡	룡	룡							
린	린	린							
르	르	르							
만	만	만							
맞	맞	맞							
맡	맡	맡							
먼	먼	먼							
먹	먹	먹							

문	문	문							
물	물	물							
면	면	면							
꿈	꿈	꿈							
밑	밑	밑							
박	박	박							
반	반	반							
벗	벗	벗							
번	번	번							
변	변	변							
볏	볏	볏							

복	복	복								
분	분	분								
빙	빙	빙								
백	백	백								
작	작	작								
잔	잔	잔								
잣	잣	잣								
잠	잠	잠								
전	전	전								
정	정	정								
절	절	절								

조	조	조							
중	중	중							
즉	즉	즉							
착	착	착							
찬	찬	찬							
찰	찰	찰							
참	참	참							
찾	찾	찾							
첨	첨	첨							
초	초	초							
춘	춘	춘							

충	충	충							
친	친	친							
칵	칵	칵							
칸	칸	칸							
칼	칼	칼							
칼	칼	칼							
컨	컨	컨							
컵	컵	컵							
코	코	코							
쿤	쿤	쿤							
쿤	쿤	쿤							

킬	킬	킬							
캔	캔	캔							
탄	탄	탄							
탁	탁	탁							
탐	탐	탐							
탕	탕	탕							
털	털	털							
톡	톡	톡							
툰	툰	툰							
툴	툴	툴							
튠	튠	튠							

튠	튠	튠							
틈	틈	틈							
퐈	퐈	퐈							
판	판	판							
퐐	퐐	퐐							
퐝	퐝	퐝							
펼	펼	펼							
편	편	편							
퐁	퐁	퐁							
풀	풀	풀							
푼	푼	푼							

펭	펭	펭							
학	학	학							
한	한	한							
할	할	할							
헝	헝	헝							
현	현	현							
호	호	호							
훈	훈	훈							
휼	휼	휼							
희	희	희							
활	활	활							

# 단어 연습

자음과 모음이 결합된 글자를 연습했다면 이제 글자들이 합쳐진 단어를 연습해보겠습니다. 글자 한자만 쓸 때는 위치와 비율, 수평 등을 고려하지 않고 썼습니다. 하지만 단어를 연습할 때는 위치와 비율, 수평을 감안하면서 연습하기 바랍니다.

개	인	개	인						
결	론	결	론						
가	격	가	격						
계	획	계	획						
고	액	고	액						
관	람	관	람						
군	대	군	대						
논	술	논	술						
낮	잠	낮	잠						

뇌물	뇌물							
대학	대학							
더위	더위							
등산	등산							
라면	라면							
로봇	로봇							
런던	런던							
린스	린스							
맑음	맑음							
문제	문제							
미용	미용							

발포	발포						
보쌈	보쌈						
봄비	봄비						
성실	성실						
영수	영수						
작물	작물						
소스	소스						
시험	시험						
수건	수건						
쓱싹	쓱싹						
야경	야경						

영	어	영	어						
완	성	완	성						
자	연	자	연						
제	사	제	사						
조	직	조	직						
졸	업	졸	업						
죄	송	죄	송						
차	창	차	창						
처	음	처	음						
출	근	출	근						
캠	프	캠	프						

커피 커피

터키 터키

투수 투수

택배 택배

통증 통증

퇴근 퇴근

투포 투포

파란 파란

팩스 팩스

평양 평양

폭포 폭포

하	품	하	품							
희	망	희	망							
전	화	전	화							
눈	길	눈	길							
갈	대	갈	대							
가	슴	가	슴							
마	을	마	을							
장	관	장	관							
수	출	수	출							
국	방	국	방							
석	탄	석	탄							

Part 3
문장 연습

◆ Part 2에서 연습한 글자와 단어 연습을 기반으로 글자가 연결된 문장을 연습해보겠습니다. 단어의 띄어쓰기, 자음과 모음 받침이 결합된 글자를 어색하지 않고 안정적으로 쓰는 방법. 이제까지 짧게 연습했던 단어가 아닌 문장이기 때문에 수평에 맞게 연결해서 써가는 방법 등을 연습하면서 조화롭게 쓰는 방법을 배워봅니다.

 ## 문장 가로쓰기

단어 연습은 자음과 모음이 결합된 글자를 모양에 따라 조화롭게 쓰기 위해 위치와 크기를 조절하면서 써야 합니다. 문장 연습은 단어 연습으로 배운 조화롭게 쓰는 방법 이외에 단어와 단어 사이의 간격인 자간, 문장 줄과 문장 줄 사이의 간격인 행간을 조화롭게 쓰는 방법에 대해 연습하게 됩니다. 글을 쓰다 보면 한쪽으로 올라가거나 내려가고 단어와 단어 사이의 간격이 일정하지 않아 보기에 좋지 않은 습관을 문장 연습으로 고쳐질 수 있습니다.

님의침묵 - 한용운

님은 갔습니다.

아아 사랑하는 나의 님은 갔습니다.

푸른 산빛을 깨치고 단풍나무 숲을

푸른 산빛을 깨치고 단풍나무 숲을

향하여 난 작은 길을 걸어서

향하여 난 작은 길을 걸어서

차마 떨치고 갔습니다.

차마 떨치고 갔습니다.

황금의 꽃같이 굳고 빛나던

황금의 꽃같이 굳고 빛나던

옛 맹세는 차디찬 티끌이 되어서

옛 맹세는 차디찬 티끌이 되어서

한숨의 미풍에 날아 갔습니다

한숨의 미풍에 날아 갔습니다

날카로운 첫 키스의 추억은

날카로운 첫 키스의 추억은

나의 운명의 지침을 돌려 놓고 뒷걸음쳐서

나의 운명의 지침을 돌려 놓고 뒷걸음쳐서

사라졌습니다.

사라졌습니다.

나는 향기로운 님의 말소리에 귀먹고

나는 향기로운 님의 말소리에 귀먹고

꽃다운 님의 얼굴에 눈멀었습니다.

꽃다운 님의 얼굴에 눈멀었습니다.

사랑도 사람의 일이라

사랑도 사람의 일이라

만날 때에 미리 떠날 것을 염려하고

경계하지 아니 한 것은 아니지만

이별은 뜻밖의 일이되고 놀란 가슴은

새로운 슬픔에 터집니다.

그러나 이별을 쓸데없는 눈물의

그러나 이별을 쓸데없는 눈물의

원천을 만들고 마는 것은

원천을 만들고 마는 것은

스스로 사랑을 깨치는 것인 줄 아는 까닭에

스스로 사랑을 깨치는 것인 줄 아는 까닭에

걷잡을 수 없는 슬픔의 힘을 옮겨서

걷잡을 수 없는 슬픔의 힘을 옮겨서

새 희망의 정수박이에 들어부었습니다.

새 희망의 정수박이에 들어부었습니다.

우리는 만날 때에 떠날 것을 염려하는 것과 같이

우리는 만날 때에 떠날 것을 염려하는 것과 같이

떠날때에 다시 만날 것을 믿습니다.

떠날때에 다시 만날 것을 믿습니다.

아아 님은 갔지마는

아아 님은 갔지마는

나는 님을 보내지 아니하였습니다.

나는 님을 보내지 아니하였습니다.

제 곡조를 못 이기는 사랑의 노래는

제 곡조를 못 이기는 사랑의 노래는

님의 침묵을 휩싸고 돕니다

님의 침묵을 휩싸고 돕니다

당신의 꿈을 응원합니다

당신의 꿈을 응원합니다

진달래 꽃 - 김소월

나 보기가 역겨워 가실때에는 말없이

고이 보내 드리우리다 영변에 약산 진달래 꽃

아름 따다 가실길에 뿌리우리라

가시는 걸음걸음 놓인 그 꽃을

가시는 걸음걸음 놓인 그 꽃을

사뿐히 즈려 밟고 가시옵소서

사뿐히 즈려 밟고 가시옵소서

나 보기가 역겨워 가실때에는

나 보기가 역겨워 가실때에는

죽어도 아니 눈물 흘리 우리다

죽어도 아니 눈물 흘리 우리다

서시 - 윤동주

서시 - 윤동주

죽는 날까지 하늘을 우러러

죽는 날까지 하늘을 우러러

한점 부끄럼이 없기를

한점 부끄럼이 없기를

잎새에 이는 바람에도 나는 괴로워 했다

잎새에 이는 바람에도 나는 괴로워 했다

별을 노래하는 마음으로

별을 노래하는 마음으로

모든 죽어가는 것을 사랑해야지

모든 죽어가는 것을 사랑해야지

그리고 나한테 주어진 길을 걸어 가야겠다.

그리고 나한테 주어진 길을 걸어 가야겠다.

오늘 밤에도 별이 바람에 스치운다.

오늘 밤에도 별이 바람에 스치운다.

병원 - 윤동주

살구나무 그늘로 얼굴을

가리고 병원 뒤뜰에 누워

젊은 여자가 흰 옷 아래로

하얀 다리를 드러내 놓고 일광욕을 한다.

하얀 다리를 드러내 놓고 일광욕을 한다.

이 여자를 찾아오는 이, 나비 한 마리도 없다.

이 여자를 찾아오는 이, 나비 한 마리도 없다.

한나절이 기울도록 가슴을 앓는다는

한나절이 기울도록 가슴을 앓는다는

슬프지도 않은 살구나무

슬프지도 않은 살구나무

가지에는 바람조차 없다.

가지에는 바람조차 없다.

나도 모를 아픔을 오래 참다

나도 모를 아픔을 오래 참다

처음으로 이곳에 찾아왔다.

처음으로 이곳에 찾아왔다.

그러나 나의 늙은 의사는

그러나 나의 늙은 의사는

젊은이의 병을 모른다

젊은이의 병을 모른다

나한테는 병이 없다고 한다.

나한테는 병이 없다고 한다.

이 지나친 시련, 이 지나친 피로

이 지나친 시련, 이 지나친 피로

나는 성내서는 안 된다

나는 성내서는 안 된다

여자는 자리에서 일어나

여자는 자리에서 일어나

옷깃을 여미고 화단에서

옷깃을 여미고 화단에서

금잔화 한 포기를 따 가슴에

금잔화 한 포기를 따 가슴에

꽂고 병실 안으로 사라진다.

꽂고 병실 안으로 사라진다.

나는 그 여자의 건강이

나는 그 여자의 건강이

아니 내 건강도 속히 회복되기를 바라며

아니 내 건강도 속히 회복되기를 바라며

그가 누웠던 자리에 누워 본다.

그가 누웠던 자리에 누워 본다.

좋은 일만 가득 하세요

좋은 일만 가득 하세요

청포도 - 이육사

청포도 - 이육사

내 고장 칠월은 청포도가 익어가는 가는 시절

내 고장 칠월은 청포도가 익어가는 가는 시절

이 마을 전설이 주저리 주저리 열리고

이 마을 전설이 주저리 주저리 열리고

먼 데 하늘이 꿈꾸며 알알이 들어와 박혀

먼 데 하늘이 꿈꾸며 알알이 들어와 박혀

하늘 밑 푸른 바다가 가슴을 열고

하늘 밑 푸른 바다가 가슴을 열고

흰 돛단배가 곱게 밀려서 오면

흰 돛단배가 곱게 밀려서 오면

내가 바라는 손님은 고달픈 몸으로

내가 바라는 손님은 고달픈 몸으로

청포를 입고 찾아온다고 했으니

청포를 입고 찾아온다고 했으니

내 그를 맞아 이 포도를 따 먹으면

내 그를 맞아 이 포도를 따 먹으면

두 손은 함뿍 적셔도 좋으련

두 손은 함뿍 적셔도 좋으련

아이야 우리 식탁엔 은쟁반에

아이야 우리 식탁엔 은쟁반에

하이얀 모시 수건을 마련해 두렴

하이얀 모시 수건을 마련해 두렴

 ## 문장 세로쓰기

대부분의 책이나 일반적으로 우리가 글을 쓸 때는 보통 가로쓰기로 작성합니다. 그러다 가끔 캘리그라피 작업이나 경조사 봉투를 쓸 때는 세로로 글을 쓰기도 합니다. 이번에는 세로쓰기를 연습하여 세로쓰기를 할 때 지저분하지 않고 깔끔하게 쓸 수 있도록 연습하겠습니다.

가을로 가득 차 있습니다

계절이 지나가는 하늘에는

별 헤는 밤 - 윤동주

다 헤일 듯합니다

다 헤일 듯합니다

가을 속의 별들을

가을 속의 별들을

나는 아무 걱정도 없이

나는 아무 걱정도 없이

쉬이 아침이 오는 까닭이오

이제 다 못 헤는 것은

가슴속에 하나 둘 새겨지는 별을

까닭입니다

아직 나의 청춘이 다하지 않은

내일 밤이 남은 까닭이오

우뚝 남아서서 차라리 봄도 꽃피지 말아라

우뚝 남아서서 차라리 봄도 꽃피지 말아라

푸른 하늘에 달을 듯이 세월에 불타고

푸른 하늘에 달을 듯이 세월에 불타고

교목 - 이육사

교목 - 이육사

마음은 아예 뉘우침 아니리
끝없는 꿈길에 혼자 설레이는
낡은 거미집 휘두르고

차마 바람도 흔들진 못해라

마침내 호수 속 깊이 거꾸러져

검은 그림자 쓸쓸하면

경사체 쓰기

고딕 계열의 경사체를 연습해 보겠습니다. 경사체는 기울여 쓰는 것이 특징이며, 이탤릭체를 생각하면 이해가 쉬울 것입니다. 세로획은 곧게 쓰고 가로획만 약간 기울여서 쓰면됩니다.

청포도 - 이육사

청포도 - 이육사

내 고장 칠월은

내 고장 칠월은

청포도가 익어 가는 시절

청포도가 익어 가는 시절

이 마을 전설이 주저리 주저리 열리고

이 마을 전설이 주저리 주저리 열리고

먼 데 하늘이 꿈꾸며 알알이 들어와 박혀

먼 데 하늘이 꿈꾸며 알알이 들어와 박혀

하늘 밑 푸른 바다가 가슴을 열고

하늘 밑 푸른 바다가 가슴을 열고

흰 돛단배가 곱게 밀려서 오면

흰 돛단배가 곱게 밀려서 오면

내가 바라는 손님은 고달픈 몸으로

내가 바라는 손님은 고달픈 몸으로

청포를 입고 찾아온다고 했으니

청포를 입고 찾아온다고 했으니

내 그를 맞아 이 포도를 따 먹으면

내 그를 맞아 이 포도를 따 먹으면

두 손은 함뿍 적셔도 좋으련

두 손은 함뿍 적셔도 좋으련

아이야 우리 식탁엔 은쟁반에

아이야 우리 식탁엔 은쟁반에

하이얀 모시 수건을 마련해 두렴

하이얀 모시 수건을 마련해 두렴

기회는 준비된 자에게 온다

기회는 준비된 자에게 온다

당신이 있기에 행복 합니다

당신이 있기에 행복 합니다

고딕체 쓰기

고딕체는 특별한 꾸밈이 없고, 글 모양이 일정하여 글씨체가 좋지 않은 사람이 쉽게 접근할 수 있습니다. 아래 예제를 따라 써보고 글씨 연습을 많이 해보기 바랍니다.

사랑을 줄 줄 알고

사랑을 줄 줄 알고

사랑 받을 줄 아는

사랑 받을 줄 아는

부부되게 하소서

부부되게 하소서

작은 것을 얻어도 소중하게 여기며

작은 것을 얻어도 소중하게 여기며

큰 것을 가지고도 아끼지 아니하고

큰 것을 가지고도 아끼지 아니하고

좋은 것이 있을 때 서로가 양보하고

좋은 것이 있을 때 서로가 양보하고

허물이 보일 때는 덮어주게 하소서

허물이 보일 때는 덮어주게 하소서

길 - 윤동주

길 - 윤동주

잃어버렸습니다

잃어버렸습니다

무얼 어디다 잃어버렸는지 몰라

무얼 어디다 잃어버렸는지 몰라

두 손이 주머니를 더듬어 길에 나아갑니다

두 손이 주머니를 더듬어 길에 나아갑니다

돌과 돌과 돌이 끝없이 연달아

돌과 돌과 돌이 끝없이 연달아

길은 돌담을 끼고 갑니다

길은 돌담을 끼고 갑니다

담은 쇠문을 굳게 닫어

담은 쇠문을 굳게 닫어

길위에 긴 그림자를 드리우고

길위에 긴 그림자를 드리우고

길은 아침에서 저녁으로

길은 아침에서 저녁으로

저녁에서 아침으로 통했습니다

저녁에서 아침으로 통했습니다

돌담을 더듬어 눈물 짓다

돌담을 더듬어 눈물 짓다

쳐다보면 하늘은 부끄럽게 푸릅니다

쳐다보면 하늘은 부끄럽게 푸릅니다

풀 한 포기 없는 이 길을 걷는 것은

풀 한 포기 없는 이 길을 걷는 것은

담 저쪽에 내가 남아 있는 까닭이고

담 저쪽에 내가 남아 있는 까닭이고

내가 사는 것은, 다만

내가 사는 것은, 다만

잃은 것을 찾는 까닭입니다

잃은 것을 찾는 까닭입니다

 **세필 쓰기**

어느 정도 글씨 연습을 하다보면 글씨 연습과 마음을 수양할 수 있는 붓글씨를 써보고 싶은 생각이 문뜩 들곤 합니다. 붓글씨는 일반 펜글씨에 비해 힘과 고풍스러운 멋이 존재합니다. 이번에는 세필을 이용해 연습을 해보겠습니다. 세필이 없다면 붓펜으로 도전해 보셔도 됩니다.

민들레 홀씨에게 - 김기화

민들레 홀씨에게 - 김기화

예쁘고 사랑스런 민들레야

예쁘고 사랑스런 민들레야

바람결에 몸을 맡기어

바람결에 몸을 맡기어

어디론가 여행을 하겠지

어디론가 여행을 하겠지

맘에 드는 터전이 있으면

맘에 드는 터전이 있으면

살며시 자리를 잡으렴

살며시 자리를 잡으렴

꽃으로 볼까 잡초로 볼까

꽃으로 볼까 잡초로 볼까

농부밭에 자리잡지 마라

농부밭에 자리잡지 마라

예쁜 꽃이 잡초로 보이니 말이다

예쁜 꽃이 잡초로 보이니 말이다

부디 좋은 곳에 자리잡아

부디 좋은 곳에 자리잡아

노랑 옷을 뽐내 보렴

노랑 옷을 뽐내 보렴

열심히 하는 사람에게만 웅이 찾아온다

웅이 사랑을 찾는다

사랑이 웅을 찾는게 아니라

살면서 미쳤다는 말을

살면서 미쳤다는 말을

그 꿈을 반드시 이루어 진다

그 꿈을 반드시 이루어 진다

날마다 꿈을 그리면

날마다 꿈을 그리면

도전한 적이 없었던 것이다

도전한 적이 없었던 것이다

너는 단 한번도 목숨걸고

너는 단 한번도 목숨걸고

들어보지 못했다면

들어보지 못했다면

작은 글씨 쓰기

글씨 연습을 할 때는 큰 글씨로 연습하는 것이 도움이 많이 됩니다. 작은 글씨로 연습하게 되면 신경도 많이 써야 하고 글쓰는 연습이 시원스럽게 진행되지 않습니다. 큰 글씨를 연습하여 어느 정도 실력이 늘었다면 이제 작은 글씨를 연습해보겠습니다.

눈에 보이지 않지만 우리들의 삶 속 어딘가엔

사막의 우물과 같은 보물이 숨겨져 있습니다.

그것을 느낄 줄 아는 사람만이

아름다운 삶을 살아갈 수 있습니다.

세상은 넓고 여러 가지 색깔의 빛들이 찬란합니다.

하지만 그중에서 자신만이 알고

자신만이 느낄 수 있는 나만의 빛이 있습니다.

우리는 그것을 사랑해야 합니다.

"나만의 빛" 그것은 그 어떠한 빛 보다도

찬란하고 아름답습니다.

누군가의 마음을 얻는 일 그것을 이루기 전에

먼저 자신의 마음을 볼줄 알아야 겠지오.

다른 사람에게는 결코 열어주지 않는 문을

당신에게만 열어주는 사람이 있다면

그 사람이야말로 당신의 진정한 친구이다

어떤 별에 사는 꽃을 좋아한다면

밤에 하늘을 쳐다보는 게 즐거울 거야

어느 별이나 다 꽃이 필테니까

여기에 보이는 건 껍데기에 지나지 않아

가장 중요한 것은 눈에 보이지 않아

너의 장미꽃이 그토록 소중한 것은 그 꽃을

위해 네가 공들인 그 시간 때문이야

찔레꽃 - 김기화

미풍에 실려온 향기마차 가만히

따라가보니 가시덤불속 은은한 미소띠며

방긋웃는 뽀오한 얼굴들

너의 향기 곱디 고은 얼굴이 별빛되어

한적한 밤길에 별 빛 수를 놓는구나

화려하지도 야단스럽지도 않은 단아한

너의 모습은 어둠속 별빛되어 남으리

세필

시간이 가면 갈수록 그만큼 나는 더 행복해질 거야
시간이 가면 갈수록 그만큼 나는 더 행복해질 거야
비가 오후 비시에 온다면 나는 세시부터 행복해질거야
비가 오후 비시에 온다면 나는 세시부터 행복해질거야
그대는 내게 행복을 주는 사람입니다
그대는 내게 행복을 주는 사람입니다
날마다 꿈을 그리면 그 꿈은 반드시 이루어진다
날마다 꿈을 그리면 그 꿈은 반드시 이루어진다
당신의 꿈을 응원 합니다
당신의 꿈을 응원 합니다
날마다 좋은날 되소서
날마다 좋은날 되소서

Part 4
실생활에 필요한 글씨 연습

◆ 우리가 생활하다 보면 자주는 아니더라도 가끔 경조사 봉투나 택배와 같은 손글씨를 쓸 경우가 발생하곤 합니다. 자주 쓰지 않아서 작성하려고 할 때 어색한 경우가 많은데 예제를 참고하여 연습하고 필요할 때 알맞게 사용하면 글씨를 더 돋보이게 해줄 것입니다.

경조사 사용되는 용어 1

▶ 자주는 아니더라도 한 해에 한두 번 이상은 경조사에 참석하게 됩니다. 이때 봉투에 경조사와 관련된 글씨를 쓰게 되는데 중요한 자리인 만큼 글씨도 정성스럽게 쓰면 좋을 것입니다. 여기서는 경조사에 많이 사용되는 글씨를 연습해보겠습니다.

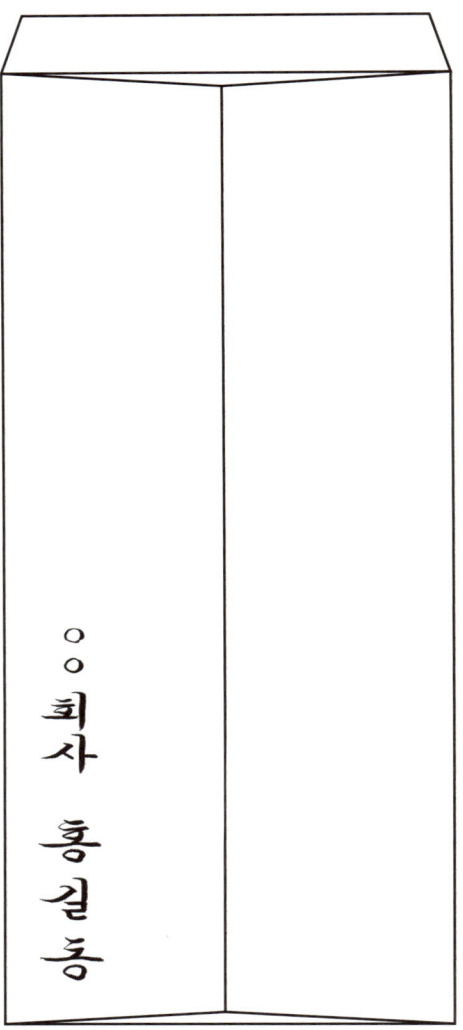

앞면 해당하는 문구를 봉투 가운데에 씁니다. (경조사에 쓰이는 주요 용어는 다음 페이지 참조)
뒷면 소속과 이름을 왼쪽 하단에 기재합니다.

축	축	축	축			
결	결	결	결			
혼	혼	혼	혼			
축	축	축	축			
결	결	결	결			
혼	혼	혼	혼			
祝	祝	祝	祝			
結	結	結	結			
婚	婚	婚	婚			

祝	祝	祝	祝			
結	結	結	結			
婚	婚	婚	婚			
부	부	부	부			
의	의	의	의			
근	근	근	근			
조	조	조	조			

賻儀

○○회사

홍길동

김창범

경조사에 사용되는 용어 2

▶ 경조사에 자주 사용하는 중요 용어입니다. 다음 글자를 연습해 보세요.

• 결혼식

축	축	축			축	축	축		
결	결	결			화	화	화		
혼	혼	혼			혼	혼	혼		
축	축	축			축	축	축		
성	성	성			성	성	성		
전	전	전			혼	혼	혼		
하	하	하							
의	의	의							

• 장례식

| 부 | 부 | 부 | | | 근 | 근 | 근 | | |
| 의 | 의 | 의 | | | 조 | 조 | 조 | | |

| 추모애도 | 추모애도 | 추모애도 | | 추도위령 | 추도위령 | 추도위령 | |

• 생일

축생일	축생일	축생일		축생신	축생신	축생신	
축회갑	축회갑	축회갑		축수연	축수연	축수연	
축희연	축희연	축희연					

- 개업 · 창업

축 개 업	축 개 업	축 개 업			축 개 관	축 개 관	축 개 관		
축 창 립	축 창 립	축 창 립			축 개 원	축 개 원	축 개 원		
축 발 전	축 발 전	축 발 전			축 번 영	축 번 영	축 번 영		

- 기타

| 축 입 학 | 축 입 학 | | | | 축 졸 업 | 축 졸 업 | | | |

축합격	축합격				축기공	축기공			
축중공	축중공				축완공	축완공			
축이전	축이전				축입주	축입주			
축입택	축입택				기쾌유	기쾌유			
기완쾌	기완쾌								

숫자 쓰기

▶ 숫자는 언제 어디서나 자주 사용됩니다. 하지만 숫자도 잘 써야 쉽게 알아보는데 잘못 쓸 경우 계산 착오 등의 문제가 발생할 수도 있습니다. 그래서 숫자 쓰는 연습도 필요합니다.

1	2	3	4	5	6	7	8	9	0
1	2	3	4	5	6	7	8	9	0

1	2	3	4	5	6	7	8	9	0
1	2	3	4	5	6	7	8	9	0

실생활 활용 용어

▶ 요즘 편지와 같은 우편물을 많이 보내지는 않지만 서류나 택배를 보낼 때 봉투나 용지에 글을 쓰게 됩니다. 그리고 간이 영수증 처리 시에도 글을 쓰게 되는데 이번에는 줄이 있는 곳에 글쓰는 연습을 해보겠습니다.

보내는 사람 김 창 수
서울시 관악구 봉천동 25
한양아파트 105동 908호
3 2 5 7 8

받는 사람 김 등 진
강원도 원주시 학성동 879
목련아파트 109동 702호
8 5 7 0 3

보내는 사람

받는 사람

Part 4. 실생활에 필요한 글씨 연습 · 135

No.	영 수 증		(공급자용) 귀하		
공급자	사업자등록번호	315-33-57981			
	상 호	골목집	성명	홍길동	
	사업장소재지	대전시 중구 선화로 23			
	업 태	음식	종목	분식	
작성일자	금액합계		비 고		
2017. 5	74,000				
위 금액을 영수(청구)함.					
월일	품 명	수량	단가	금 액	
	감자탕	2		58,000	
	라면	4		16,000	
합 계			₩ 74,000		

부가가치세법시행규칙 제25조의 규정에 의한(영수증)으로 개정

No.	영 수 증		(공급자용) 귀하		
공급자	사업자등록번호				
	상 호		성명		
	사업장소재지				
	업 태		종목		
작성일자	금액합계		비 고		
위 금액을 영수(청구)함.					
월일	품 명	수량	단가	금 액	
합 계			₩		

부가가치세법시행규칙 제25조의 규정에 의한(영수증)으로 개정